Inhalt

Nachwachsende Rohstoffe - es "grünt so grün" in der chemischen Industrie

Kernthesen

Beitrag

Fallbeispiele

Zahlen und Fakten

Weiterführende Literatur

Impressum

Nachwachsende Rohstoffe - es "grünt so grün" in der chemischen Industrie

Autor GENIOS BranchenWissen: A.Schneider

Kernthesen

- Die chemische Industrie arbeitet bereits heute daran, die derzeit im Produktionsprozess noch vielfach unverzichtbaren fossilen Rohstoffe vermehrt durch natürlich nachwachsende Rohstoffe zu ersetzen.
- Die deutsche Chemiebranche verarbeitet rund 17 Millionen Tonnen petrochemische und 2 Millionen Tonnen nachwachsende Rohstoffe, die damit rund 12 Prozent des jährlichen Rohstoffbedarfs decken.

- Nachwachsende Rohstoffe werden in der chemischen Industrie vor allem zur Herstellung von oleochemischen Anwendungen und Produkten, biogenen Werkstoffen, Fein- und Spezialchemikalien, chemischen Zwischenprodukten sowie Dämmstoffen genutzt.
- Weltweit genügend große Anbauflächen, lückenlose Verfahren für die großtechnische Produktion und wirtschaftliche Rentabilität sind wichtige Erfolgsfaktoren für einen weiterhin steigenden Marktanteil der Bioprodukte.

Beitrag

Chemikalien aus Zuckerrohr und Kartoffeln, Biokunststoffe aus Mais und Rüben, Kraftstoffe aus Raps und Soja die Chemie, oft eher als "Giftküche" in Verruf geraten, wird zunehmend "grün".

Nachwachsende Rohstoffe sollen Erdöl ersetzen

Traditionell benötigt die chemische Industrie Erdöl, Erdgas oder Kohle als Ausgangsprodukte zur

Herstellung der meisten organischen Verbindungen. Zwar beansprucht die Chemiebranche nur zehn Prozent des gesamten Erdölverbrauchs, trotzdem bleiben die Prophezeiungen vom zur Neige gehenden Öl und immer teurer werdenden Erdgas auch in der chemischen Industrie nicht ungehört.
Kunststoffe, Klebstoffe, Lacke, Lösungsmittel, Waschmittel, Kosmetika und Medikamente ohne Rohöl müssten wir größtenteils darauf verzichten. Denn: "Erdöl verfügt über so genannte langkettige Kohlenwasserstoffe, und die sind für die Chemieindustrie ideal nutzbar. Denn diese Ketten lassen sich günstig aufspalten - eine lange Molekülkette wird in den Anlagen der Chemieunternehmen in mehrere kleinere mit unterschiedlichen Längen geteilt. Diese kleineren Kohlenwasserstoffketten sind die Grundbausteine - Ethylen zum Beispiel, Propylen oder Synthesegas -, aus denen die Chemieindustrie ihre Produkte herstellt. Um Kunststoffe, Lacke oder Klebstoffe zu erhalten, werden diese Grundbausteine in nachfolgenden Schritten veredelt. Sie werden entweder miteinander kombiniert oder zum Beispiel mit Wasser, Wasserstoff, Luft oder Ammoniak vermischt." (1)

Verstärkt wird also nach Alternativen gesucht. Eine Hoffnung ist, dass nachwachsende pflanzliche Rohstoffe den fossilen Ressourcen in nicht allzu ferner Zukunft den Rang ablaufen können. (2), (3) Auf inzwischen zwölf Prozent der Ackerflächen in Deutschland werden nachwachsende Rohstoffe angebaut. Die nachwachsenden Rohstoffe einschließlich ihrer stofflichen Verwertung beschäftigen 180 000 Menschen. (4) Die größte Bedeutung hat der Raps für die Biodieselherstellung und für die chemische Industrie. Energiegetreide und mais dienen der Herstellung des Biokraftstoffs Ethanol und der Verstromung in Biogasanlagen. Zucker, Leinöl und Sonnenblumenöl werden von der Chemie, Stärke aus Weizen oder Kartoffeln von der Papierindustrie, Fasern von der Automobilindustrie und Heilpflanzen in der Pharmaindustrie genutzt. (5), [Abb.1]

Chemie deckt 12 Prozent ihres Rohstoffbedarfs über nachwachsende Rohstoffe

Chemiker verstehen unter nachwachsenden Rohstoffen im Grunde alles, was die Natur erzeugt. Aus nachwachsenden Rohstoffen können wie aus fossilen Rohstoffen - Wärme, Strom und Kraftstoffe erzeugt werden (energetische Nutzung); sie können aber auch industriell weiterverarbeitet werden

(stoffliche Nutzung). Dies geschieht in großem Stile mit pflanzlichen Ölen wie Rapsöl, Sonnenblumenöl, Leinöl, Rizinusöl, Palmöle, Sojaöl, Kokosöl, tierischen Fetten, Stärke, Cellulose/Chemiezellstoff, Naturfasern, Heilstoffen und Holz. Zucker hat sehr stark an Bedeutung gewonnen. In der weißen Biotechnologie ist er einer der Hauptrohstoffe. Wurden von der Chemieindustrie im Jahr 1996 noch 30 000 Tonnen Zucker verarbeitet, so sind es heute bereits 260 000 Tonnen. (1)
In kleinen Mengen werden auch Proteine, Pflanzeninhaltsstoffe und exsudate, Polysaccharide und Lignin von der chemischen Industrie verarbeitet. (6)
Das Potenzial ist noch lange nicht erschöpft. Die Branche träumt davon, die drei wichtigen chemischen Grundstoffe Ethylen, Propylen und Synthesegas bald vollständig aus Biomasse herstellen zu können.

Im chemisch-technischen Bereich (= chemische und pharmazeutische Industrie, Papierindustrie und die Naturfaser verarbeitende Industrie) werden derzeit in Deutschland jährlich rund 2,7 Millionen Tonnen nachwachsende Rohstoffe stofflich genutzt. Davon werden rund 2 Millionen Tonnen direkt in der chemischen Industrie eingesetzt. Damit deckt sie rund 12 Prozent ihres jährlichen Rohstoffbedarfs über nachwachsende Rohstoffe. Die deutsche chemische

Industrie verarbeitet somit rund 17 Millionen Tonnen petrochemische und 2 Millionen Tonnen nachwachsende Rohstoffe. (6), (7)

Vier Hauptanwendungsbereiche für nachwachsende Rohstoffe in der Chemie

Ganz neu ist das Thema nachwachsende Rohstoffe für die Chemiebranche nicht. Traditionell werden bei der Herstellung von Medikamenten, Wasch- und Schmiermitteln bereits pflanzliche Ausgangsstoffe wie Öle und Fette genutzt. Für nachwachsende Rohstoffe gibt es vier Haupteinsatzbereiche: (6)
1. Oleochemische Anwendungen und Produkte
2. Biogene Werkstoffe
3. Fein- und Spezialchemikalien und chemische Zwischenprodukte
4. Dämmstoffe

Oleochemische Anwendungen und Produkte

Sehr große Bedeutung haben die nachwachsenden Rohstoffe (v.a. Fette und Öle) für die Produktion von

Tensiden für Wasch- und Reinigungsmittel, Pharmaka und Kosmetika sowie Textilprodukte und Lederhilfsmittel. Tenside werden zumeist aus Kokosöl und Palmkernöl hergestellt. Pro Jahr fließen in Deutschland rund 430 000 Tonnen pflanzlicher Öle in die Herstellung von Tensiden.

Ebenfalls bedeutend ist die Produktion von Bioschmierstoffen und ölen, Polymeren und Polymeradditiven sowie Lacke und Farben auf der Basis von Fetten und Ölen.

Bioschmierstoffe und öle wie z.B. Motoröle, Hydrauliköle, Getriebeöle haben in Deutschland derzeit einen Marktanteil von 4,1 Prozent. Noch sind die biogenen Schmierstoffe im Vergleich zu den etablierten Produkten auf Mineralölbasis einfach zu teuer. Bei den Motor- und Getriebeölen greifen weniger als 1 Prozent der Käufer zu den Bioprodukten. Nur bei den Sägekettenölen haben sie sich bereits einen Marktanteil von 75 Prozent erobert.

Biogene Werkstoffe

Ackerpflanzen speichern in ihren Früchten, Stengeln und Blättern reichlich Kohlehydrate, die wertvolle Ausgangsstoffe für die chemische Industrie sind. Endprodukte sind zum Beispiel Kunststoffe wie Polyamide oder Polyester oder Pet, das unter anderem in großen Mengen für Getränkeflaschen

produziert wird. Kunststoff aus Roggen, das ist kein Märchen mehr. Aus Roggenstärke kann man Milchsäure erzeugen, sie zu dem Kunststoff Polymilchsäure weiterverarbeiten und daraus PVC für Fasern, Folien und Flaschen fertigen. (8) Biokunststoffe sind in Deutschland noch nicht sehr stark vertreten. Ihr Marktanteil liegt unter einem Prozent des Gesamtmarktes von 12,6 Millionen Tonnen (Verbrauch lt. Plastics/Europe / VKE, 2003). In Zukunft könnten Biokunststoffe etwa zehn Prozent des konventionellen Kunststoffmarktes ersetzen, schätzen Experten. (9)
Ihre großen Vorteile: sie sind hitzebeständiger und fester als so mancher konventionelle Kunststoff, und sie sind umweltfreundlicher, da sie schnell verrotten. Damit ist Bioplastik beispielsweise prädestiniert für Ackerfolien und für Produkte, die sich nicht recyceln lassen.
Biokunststoffe werden heute schon eingesetzt bei Verpackungen, bei Bechern, Tellern und Besteck im Catering, bei Bioabfallsäcken im Agrarbereich, im Garten- und Landschaftsbau (Abdeckfolien, Mulchfolien, Anzuchttöpfe etc.), bei Hygieneprodukten (Windeln, Einmalhandschuhe), bei Spiel-, Sport und Büroartikeln (Baukästen, GolfTees etc.), bei Textilien (T-Shirts aus PLA) sowie in der Medizintechnik (Operationsmaterial, Nähfaden, Implantate etc.).
Naturfaserverstärkte Werkstoffe aus Flachs, Hanf,

Kenaf, Sisal, Jute oder Kokosfasern haben in der Automobilindustrie längst Einzug gehalten. Sie finden sich in den Türinnenverkleidungen, den Hutablagen, den Kofferraumauskleidungen und sogar im Unterbodenschutz.

Fein- und Spezialchemikalien und chemische Zwischenprodukte

Im chemisch-industriellen Bereich werden derzeit vor allem Stärke und Zucker (z.b. Saccharose, Melasse, Glucose, Zuckeralkohole) verarbeitet. Die Biotechnologie hat hier zu großen Fortschritten beigetragen. Vitamin C-Vorstufen, Vitamine, Aminosäuren und Bioethanol werden inzwischen in großem Stil erzeugt. Vitamin B2 beispielsweise kann mit Hilfe eines Fermentationsverfahrens aus Pflanzenöl und Sojamehl produziert werden. Natürlich spielen auch Fette und Öle eine wichtige Rolle. Bei der Produktion von Linoleum werden beispielsweise 30 000 Tonnen Leinöl pro Jahr verwendet. Ebenfalls aus Leinöl entsteht so genanntes selbst trocknendes Öl zur Herstellung von Naturfarben. 35 000 Tonnen Rizinusöl und 35 000 Tonnen Sonnenblumenöl werden zu Polyurethanen und Polyester verarbeitet. 80 000 Tonnen Sojaöl und 40 000 Tonnen Rapsöl werden als Weichmacher in Kunststoffen wie z.B. PVC verwendet.

Cellulosederivate (Celluloseether und Celluloseester) und Celluloseregenerate finden sich in Farben, Lacken, Beschichtungen, Folien sowie in Fasern, Filamenten, Filmen für Textilien, Vliesstoffen, Reifencord und Wursthüllen.

Dämmstoffe

Naturdämmstoffe haben in Deutschland einen Marktanteil von rund fünf Prozent. Am wichtigsten sind Holz- und Cellulosedämmstoffe. Doch auch Hanf-, Flachsdämmstoffe und Schafwolle sind hier zu erwähnen.

Erfolgsfaktoren für die Produktion im großen Stil

Die Vorteile von nachwachsenden Rohstoffen liegen auf der Hand. Zum einen brauchen wir sie, wenn wir auf erdöllose Zeiten vorbereitet sein wollen. Zum anderen entsprechen sie der weltweit zunehmenden "grünen" Denkweise. Sie sind regenerativ, oft bioabbaubar und damit in umweltsensiblen Bereichen einsetzbar.

Bis eine weit reichende Herstellung im großen Stil in

rohöllosen Zeiten? möglich ist, müssen zum einen die Verfahren für die großtechnische Produktion vollständig zur Verfügung stehen. Ein Beispiel: Cellulose wäre ein perfekter nachwachsender Rohstoff. 700 Milliarden Tonnen stehen momentan auf der Erde zur Verfügung, 40 Milliarden Tonnen wachsen pro Jahr nach, und der Mensch verbraucht nur 0,1 Milliarden Tonnen als Rohstoff für eine weitere Veredelung. Doch noch fehlt ein geeignetes Lösungsmittel, um diese gigantische Ressource chemisch auszuschöpfen. (10)
Wer weiß, vielleicht können die deutschen Forscher bald mit einem Erfolg aufwarten. Schließlich ist die technologische Kompetenz deutscher Ingenieure und Wissenschaftler beim Einsatz nachwachsender Rohstoffe bereits über die Grenzen Deutschlands hinaus bekannt.

Zum anderen muss der Preis stimmen, und das Ganze muss wirtschaftlich einigermaßen rentabel sein. Nur dann werden die Marktanteile der Bioprodukte auf der Basis nachwachsender Rohstoffe in erwartetem Umfang in die Höhe klettern.

Zum dritten muss weltweit genügend Biomasse zur Verfügung stehen. Es bedarf großer agrarischer Anbauflächen, die idealer weise klimatisch so begünstigt sind, dass sie mehrmals pro Jahr Ernte bringen. [Abb.2] Diese sollte eine möglichst konstante, gute Qualität aufweisen. Doch in diesem Zusammenhang zeigen die so umweltfreundlich erscheinenden nachwachsenden Rohstoffe, dass auch sie wie fast alles andere auch Licht- und Schattenseiten haben.

Indonesien kann hier als Beispiel geschildert werden: Das südostasiatische Land hat sich wie viele seiner Nachbarn auch die Förderung alternativer Energien groß auf die Fahnen geschrieben. Im Jahr 2020 sollen zwei Drittel der Energie, die die etwa 260 Millionen Indonesier verbrauchen, aus Pflanzen, Erdwärme und Kernkraft stammen. Vor allem die Biokraftstoffpläne sind äußerst ehrgeizig. Bereits in vier Jahren sollen elf neue Fabriken jährlich 1,3 Milliarden Liter umweltfreundlichen Biokraftstoff liefern. Dafür soll in großem Stil investiert werden. Und genau da ist die Umweltfreundlichkeit dabei, sich selbst zu konterkarieren: Um sehr viel Biokraftstoffe herstellen zu können, braucht es sehr viel Pflanzenöl. Dafür wiederum braucht es sehr große Plantagen. Diese erfordern sehr viel neues Land. Dieses gibt es in Indonesien in großem Umfang nur in Papua, auf Borneo und auf Sumatra. Und genau da liegen die letzten Tropenwaldparadiese, und wenn der Wald abgeholzt wird, um Plantagen daraus zu machen, bedroht das die letzten dort lebenden Orang-Utans. An der Grenze zwischen Borneo und Malaysia soll die größte Ölpalmenplantage der Welt entstehen.

Umweltschützer stellen in Frage, ob dieses Land dafür überhaupt geeignet ist, denn "im Eifer ignorieren die Planer aber, dass diese Grenze fast durchgehend in den Bergen liegt. Dort fühlen sich Orang-Utans sehr und Ölpalmen gar nicht wohl." (11)

Fallbeispiele

Auch in Sachen nachwachsender Rohstoffe haben die USA eine Vorreiterrolle inne. Bis zum Jahr 2030 soll ein Viertel der organischen Grundstoffe, die heute noch aus fossilen Rohstoffen gewonnen werden, aus nachwachsenden Rohstoffen hergestellt werden. Doch auch die europäischen Chemieunternehmen haben die nachwachsenden Rohstoffe als strategisches Zukunftsthema definiert.

So will die Degussa AG innerhalb von fünf Jahren den Umsatzanteil nachwachsender Rohstoffe von heute fünf Prozent auf rund zehn Prozent steigern. (12) Auch die BASF will verstärkt auf nachwachsende Rohstoffe setzen und in den nächsten zwei Jahren 100 Millionen Euro in die Forschung zum Rohstoffwandel stecken. Beispielsweise wird über einen biotechnologischen Prozess aus Glukose

Zitronensäure hergestellt und in einer Forschungskooperation mit der University of Alabama daran gearbeitet, ein Verfahren zu finden, das es möglich macht, Cellulose in ionischen Flüssigkeiten zu lösen, um Cellulose-Lösungen in technisch nutzbaren Konzentrationen herzustellen. (1), (8), (10)
DuPont arbeitet daran, Glukose in 1,3-Propandiol, einen Baustein für Kunststoffe, zu verwandeln. (8)
CargillDow macht sich schon seit einigen Jahren in Nebraska in der Produktion des Kunststoffes Polymilchsäure aus Maisstärke stark. (8)
Cognis hat seine Produktion für oleochemische Dimethylamide ausgeweitet, um die zunehmende Nachfrage nach Lösungsmitteln auf der Basis nachwachsender Rohstoffe befriedigen zu können. Seine aromatenfreien, vollständig abbaubaren, "grünen" Tensidsysteme Disponil AFX sind mit dem Umweltschutzpreis 2005/2006 des Bundesverbands der Deutschen Industrie (BDI) in der Kategorie "umweltfreundliche Produkte" ausgezeichnet worden. (13), (14)
Dow Deutschland und das Fraunhofer Institut für Chemische Technologie kooperieren, um die Herstellung polyfunktioneller Alkohole aus nachwachsenden Rohstoffen wirtschaftlich attraktiver zu machen. (15)

Zahlen & Fakten

Einsatz nachwachsender Rohstoffe in der Chemie

Stand 2003

Gesamteinsatzmenge: rund 2,3 Mio. t

Angaben in kt (Kilotonnen)

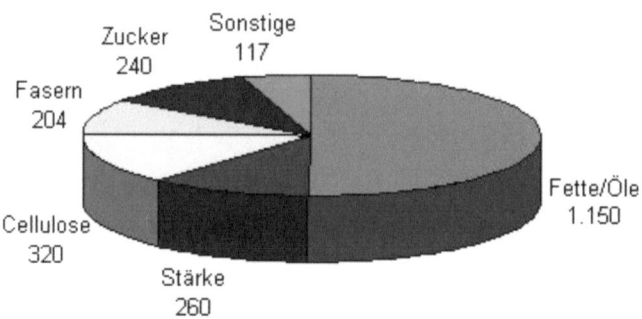

Quelle: VCI, FNR, meo

Entnommen aus: CHEManager Ausgabe 12 vom 29.06.2006, Seite 16

Anbaufläche nachwachsender Rohstoffe in Deutschland in 2004/2005

Rohstoffart	Fläche in Hektar*
Raps	1.061.923
Energiegetreide, -gräser, -mais	166.815
Stärke	128.000
Zucker	18.000
Sonnenblumen	12.754
Arznei- u. Gewürzpflanzen	10.182
Öl-Lein	3.329
Naturfasern	1.575
Summe	1.402.578

*Die Werte beruhen teilweise auf Schätzungen

Quelle: FNR

Entnommen aus: CHEManager Ausgabe 07 vom 06.04.2006, Seite 24 (5)

Weiterführende Literatur

(1) Die Zeit nach dem Öl ist für Chemiker schon Realität

aus Stuttgarter Zeitung, 21.07.2006, S. 13

(2) Nachwachsende Rohstoffe
aus Chemie.DE News

(3) Chemie wird "grün"
aus Process Magazin für Chemie- und Pharmatechnik Nr. 06 vom 07.06.2006 Seite 003

(4) Energie vom Feld AGRAR Landwirte setzen zunehmend auf Biomasse Von unserer Korrespondentin Ulla Thiede MAGDEBURG. Wer erfreut sich nicht im Frühjahr an dem satten Gelb blühender Rapsfelder? Und der Eindruck trügt nicht: Es werden immer mehr. Die deuts
aus Bonner General-Anzeiger, 28.06.2006, S. 18

(5) Nachwachsende Rohstoffe
aus CHEManager Ausgabe 07 vom 06.04.2006 Seite 024

(6) Peters, Dietmar, Nachwachsende Rohstoffe in der Industrie, Herausgeber: Fachagentur Nachwachsende Rohstoffe e.V. (FNR), www.fnr.de, Link: Literatur, kostenloser PDF-Download, 2006
aus CHEManager Ausgabe 07 vom 06.04.2006 Seite 024

(7) Rohstoffe
aus CHEManager Ausgabe 12 vom 29.06.2006 Seite 016

(8) Wenn die Plastikflasche vom Acker kommt

aus Frankfurter Allgemeine Zeitung, 12.07.2006, Nr. 159, S. N1

(9) Öko-Plastikfrisch vom Acker Roggen eignet sich für die Kunststoffherstellung
aus Financial Times Deutschland vom 29.11.2005, Seite 29

(10) Ionische Flüssigkeiten Lösemittel für Cellulose
aus Process Magazin für Chemie- und Pharmatechnik Nr. 01 vom 18.01.2006 Seite 008

(11) Ziel ist ein südostasiatisches Biospritkartell
aus Stuttgarter Zeitung, 04.08.2006, S. 12

(12) Nachwachsende Rohstoffe immer stärker genutzt
aus Chemie.DE News

(13) Neue Produktion für "grüne" Lösemittel in Spanien
aus Chemie.DE News

(14) BDI-Umweltschutzpreis für "grüne" Tenside
aus CHEManager Ausgabe 13 vom 13.07.2006 Seite 006

(15) Nachwachsende Rohstoffe Zucker für die Polyurethan-Herstellung
aus Process Magazin für Chemie- und Pharmatechnik Nr. 01 vom 18.01.2006 Seite 008

Impressum

Nachwachsende Rohstoffe - es "grünt so grün" in der chemischen Industrie

Bibliografische Information der deutschen Nationalbibliothek

Die Deutsche Nationalbibliothek verzeichnet diese Publikation in der deutschen Nationalbibliografie; detaillierte bibliografische Daten sind im Internet über http://dnb.d-nb.de abrufbar.

ISBN: 978-3-7379-2222-7

© 2015 GBI-Genios Deutsche Wirtschaftsdatenbank GmbH, Freischützstraße 96, 81927 München, www.genios.de

Alle Rechte vorbehalten. Dieses Werk ist einschließlich aller seiner Teile – z.B. Texte, Tabellen und Grafiken - urheberrechtlich geschützt. Jede Verwertung außerhalb der Grenzen des Urheberrechtsgesetzes bedarf der vorherigen Zustimmung des Verlags. Dies gilt insbesondere auch für auszugsweise Nachdrucke, fotomechanische

Vervielfältigungen (Fotokopie/Mikroskopie), Übersetzungen, Auswertungen durch Datenbanken oder ähnliche Einrichtungen und die Einspeicherung und Verarbeitung in elektronischen Systemen.